Niños fantásticos
George Washington Carver

Michelle Jovin, M.A.

Créditos de publicación

Rachelle Cracchiolo, M.S.Ed., *Editora comercial*
Conni Medina, M.A.Ed., *Gerente editorial*
Nika Fabienke, Ed.D., *Realizadora de la serie*
June Kikuchi, *Directora de contenido*
Caroline Gasca, M.S.Ed., *Editora*
Sam Morales, M.A., *Editor asociado*
Lee Aucoin, *Diseñadora gráfica superior*
Sandy Qadamani, *Diseñadora gráfica*

TIME For Kids y el logo TIME For Kids son marcas registradas de TIME Inc. y se usan bajo licencia.

Créditos de imágenes: Portada, pág.1 George Washington Carver National Monument; págs.4-5 Library of Congress; págs.6-7 George Washington Carver National Monument ; pág.7 Don Smetzer/Alamy; págs.8-9 Northwind Picture Archives, págs.10-11 Ed Vebell/Getty Images; pág.12 Sarin Images/Granger; pág.19 Sarin Images/Grange; pág.22 Granger; pág.27 Granger; pág.27 State Historical Society of Missouri; págs.22-23 Kansas Historical Society; las demás imágenes de iStock y/o Shutterstock.

Todas las empresas y los productos mencionados en este libro son marcas registradas de sus respectivos propietarios o creadores y solo se utilizan con fines editoriales; el autor y la editorial no persiguen fines comerciales con su uso.

Teacher Created Materials
5301 Oceanus Drive
Huntington Beach, CA 92649-1030
http://www.tcmpub.com
ISBN 978-1- 4258-2698-7
© 2018 Teacher Created Materials, Inc.
Printed in China
Nordica.012018.CA21701376

Contenido

Plantas y cacahuates 4

Infancia 6

El médico de las plantas 14

Un gran científico 26

Glosario 28

Plantas y cacahuates

George Washington Carver popularizó el cacahuate. Pero hizo mucho más que eso.

George tuvo una infancia difícil. Pero no dejó que eso lo detuviera. El joven George se esforzó por aprender todo lo que pudo. Cuando creció, enseñó a otros sobre las plantas. ¡Incluso ayudó a salvar el país cuando los alimentos eran **escasos**! Sus conocimientos sobre plantas lo convirtieron en un héroe. Esta es su historia.

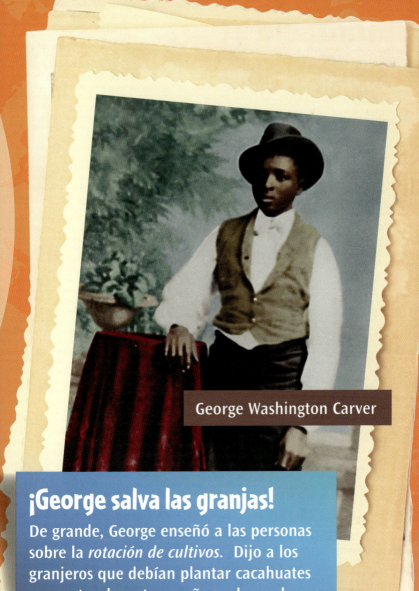

George Washington Carver

¡George salva las granjas!

De grande, George enseñó a las personas sobre la *rotación de cultivos*. Dijo a los granjeros que debían plantar cacahuates y camotes durante un año en lugar de sus cultivos habituales. Esto le daba tiempo al suelo para recuperarse. ¡Su plan funcionó! Los granjeros de todo el mundo aún usan la rotación de cultivos.

Infancia

Nadie sabe realmente cuándo nació George. Pero la mayoría cree que fue alrededor de 1861. Sus padres eran **esclavos**. Un hombre llamado Moses Carver los obligaba a trabajar en su granja de Misuri. Por desdicha, el papá de George murió justo antes de que él naciera.

EDAD: bebé ¡Secuestrado!

Cuando George tenía solo una semana de nacido, un grupo de hombres fue a la granja. ¡El grupo lo **secuestró** junto con su madre!

Moses Carver compró a George cuando era niño. Actualmente, su casa es un museo.

Desconocido

A la mayoría de los esclavos no se les permitía aprender a leer. Como consecuencia, no sabían en qué año habían nacido. Además, nadie registraba la fecha de los nacimientos de los hijos de los esclavos.

Los secuestradores vendieron al bebé George y a su madre a otra familia. Mientras eso sucedía, Moses contrató a un hombre para hallarlos.

Después de un tiempo, el hombre encontró a George. Lo habían dejado al costado de un camino. Pero su mamá no estaba. El bebé estaba débil y enfermo. Lo llevó de regreso a la granja de los Carver. Nadie sabía si sobreviviría.

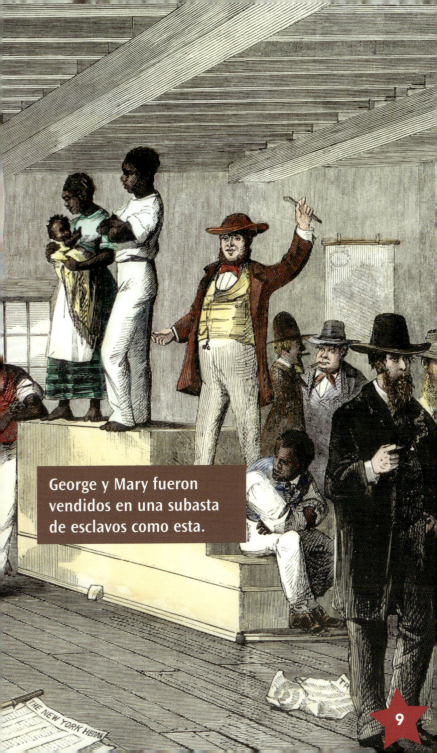

George y Mary fueron vendidos en una subasta de esclavos como esta.

¡Libertad!

Con el tiempo, George recuperó sus fuerzas. Pero aún era demasiado débil como para trabajar en el campo. En cambio, trabajaba en la casa. Aprendió a cocinar y a coser. También ayudaba en el jardín.

Cuando tenía unos 4 años, recibió muy buenas noticias. ¡La esclavitud pasó a ser ilegal! La granja de los Carver era el único hogar que había conocido. Por lo tanto, se quedó con ellos.

¡Por fin libres!

Abraham Lincoln (arriba) fue presidente durante la Guerra de Secesión. En esa guerra, el Norte y el Sur pelearon por los derechos de los estados. Los sureños creían que cada estado debía gobernar como lo creyera más conveniente, incluso si eso significaba permitir la esclavitud. Lincoln no estaba de acuerdo. Decía que la esclavitud ya no sería permitida en ningún estado.

 La vida con los Carver

Cuando George tenía cinco años, los Carver trataron de enviarlo a la escuela del pueblo. Pero como era de raza negra, la escuela no le permitió estudiar con los niños blancos del lugar.

Durante los años siguientes, la señora Carver le enseñó a leer y a escribir. A los 11 años se fue de la granja de los Carver. Tenía miedo de dejar su hogar. Pero también estaba entusiasmado. ¡George iría a la escuela!

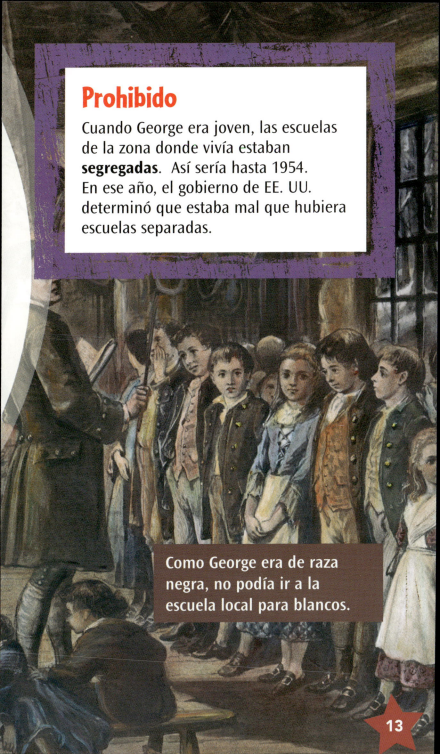

Prohibido

Cuando George era joven, las escuelas de la zona donde vivía estaban **segregadas**. Así sería hasta 1954. En ese año, el gobierno de EE. UU. determinó que estaba mal que hubiera escuelas separadas.

Como George era de raza negra, no podía ir a la escuela local para blancos.

El médico de las plantas

George caminó 8 millas (13 kilómetros) para llegar al pueblo de Neosho. Allí estaba la escuela para negros más cercana. Cuando por fin llegó, era de noche. George encontró un granero y se durmió.

 ## El encuentro con Mariah

Al día siguiente conoció a una **partera** llamada Mariah Walker. El granero donde había dormido George era de ella y de su esposo. Lo invitaron a quedarse en su casa. A cambio, George la ayudaría con su trabajo.

Cambio de nombre

Mientras George vivía con los Carver, se lo conocía como "George de los Carver". Esto se debía a que los Carver eran sus dueños. Cuando se fue de la granja, cambió su nombre para demostrar que no pertenecía a nadie. Su nuevo nombre fue George Carver. Años más tarde, eligió su segundo nombre: Washington.

George y Mariah ayudaban a las personas del pueblo. Cuando un niño se lastimaba, usaban plantas para ayudar a aliviar el dolor. Cuando un hombre se enfermaba, tenían la cura.

Esta etapa marcó la vida de George. Los Walker eran las primeras personas negras con casa propia que conocía. Por otro lado, Mariah le mostró a George que las plantas no solo servían como alimento. También servían para curar.

Devolución

Mariah le dijo a George que aprendiera tanto como quisiera. Le dijo que debía "salir al mundo y devolver sus conocimientos a nuestra gente". Esperaba que él pudiera enseñar lo que sabía a otras personas negras. Cuando fue adulto, George se convirtió en un gran maestro.

Plantas usadas como medicina

milenrama: fiebre y gripe

manzanilla: dolores de cabeza y de estómago

diente de león: fiebre y erupciones

altamisa: dolores de cabeza y náuseas

achicoria silvestre: infecciones y dolores de estómago

Los vecinos llamaban a George cuando tenían problemas con sus plantas. Él les ayudaba a curarlas. Les enseñaba cuánto sol necesitaban. También les enseñaba cómo mantener el suelo sano.

No importaba cuál era el problema, George sabía cómo resolverlo. Aunque solo era un niño, las personas del pueblo lo llamaban el "médico de las plantas". A George le resultó evidente que su futuro estaba entre las plantas.

La vida escolar

Cuando no estaba con Mariah, George estaba en una escuela para niños negros. ¡En su clase había 75 estudiantes y un solo maestro! Aprendían **hacinados** en un solo salón. George temía no saber tanto como el resto de los niños.

Pero no dejó que su temor lo detuviera. Mientras sus amigos jugaban, George estudiaba. También se despertaba temprano para leer antes de ir a la escuela. No tardó en convertirse en el mejor alumno de la clase.

¡Rumbo al oeste!

Pronto le quedó claro a George que sabía más que su maestro. Cuando tenía 14 años, se enteró de que una familia de su pueblo se mudaba. George pidió ir con ellos. Creyó que una nueva escuela podría enseñarle todo lo que quería saber.

Primero, George fue a la escuela en Fort Scott, Kansas. Pero no estaba contento allí. Muchos blancos del pueblo trataban mal a los negros. No se quedó mucho tiempo en Fort Scott.

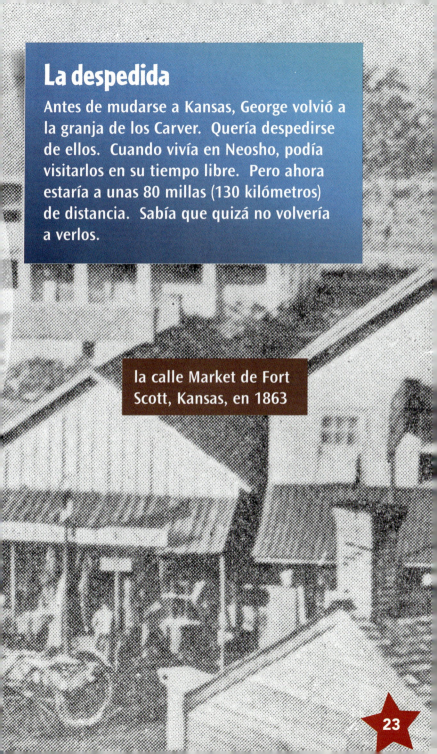

La despedida

Antes de mudarse a Kansas, George volvió a la granja de los Carver. Quería despedirse de ellos. Cuando vivía en Neosho, podía visitarlos en su tiempo libre. Pero ahora estaría a unas 80 millas (130 kilómetros) de distancia. Sabía que quizá no volvería a verlos.

la calle Market de Fort Scott, Kansas, en 1863

Durante los años siguientes, George se mudó varias veces. Asistió a muchas escuelas y en todas aprendió cosas nuevas. George trabajó para pagar sus viajes. En un pueblo, lavaba ropa. En otro, sembraba arroz, maíz y verduras. Este trabajo fue el que más le gustó. ¡Estar todo el día con plantas era su trabajo ideal!

George fue a la escuela secundaria y después a la universidad. Mientras estuvo allí, estudió su materia preferida: ¡las plantas!

George, el pintor

Mientras vivía en Beeler, Kansas, George encontró otra **pasión**: ¡la pintura! Pintaría de tanto en tanto durante el resto de su vida. ¿Qué era lo que más le gustaba pintar? Plantas, por supuesto.

Un gran científico

Al terminar la escuela secundaria, George se convirtió en maestro. Ayudaba a los granjeros de todo el mundo. Se aseguró de que las personas tuvieran suficientes alimentos, incluso en épocas difíciles. Su trabajo con cacahuates lo hizo famoso. Se lo conoció como el "hombre de los cacahuates".

En 1943, George murió. Las personas **lamentaron** la pérdida de un gran hombre. De niño, fue el médico de las plantas. Después, fue el hombre de los cacahuates. Durante toda su vida, ayudó para que el mundo fuera un lugar mejor.

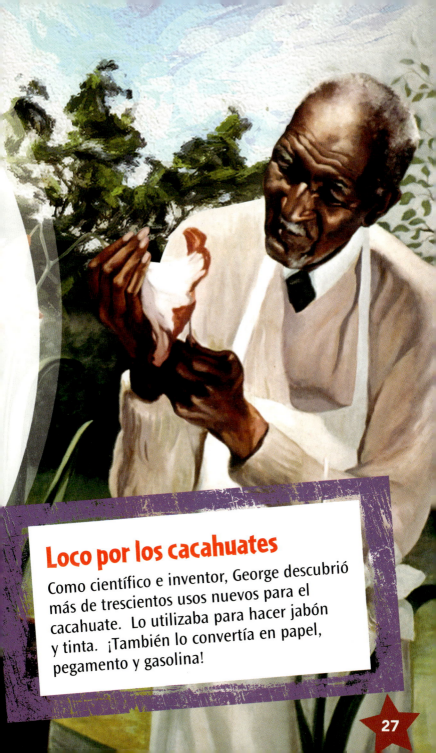

Loco por los cacahuates

Como científico e inventor, George descubrió más de trescientos usos nuevos para el cacahuate. Lo utilizaba para hacer jabón y tinta. ¡También lo convertía en papel, pegamento y gasolina!

Glosario

escasos: pocas provisiones

esclavos: personas obligadas a trabajar para otras sin recibir paga

hacinados: amontonados en un espacio pequeño

lamentaron: sintieron o mostraron tristeza cuando alguien murió

partera: una persona que ayuda a las mujeres a dar a luz

pasión: algo que una persona disfruta hacer

secuestró: se llevó a alguien por la fuerza

segregadas: separadas según distintos grupos de personas